가문비나무 기록장

이 도서의 국립중앙도서관 출판예정도서목록(CIP)은 서지정보유통지원시스템 홈페이지(http://seoji.nl.go.kr)와 국가자료종합목록 구축시스템(http://kolis-net.nl.go.kr)에서 이용하실 수 있습니다.
(CIP제어번호 : CIP2019022641)

지혜사랑 202

가문비나무 기록장

권예자

지혜

시인의 말

꽃은
기다릴 줄 안다
피어야 할 때를 안다
나누고 위로할 줄 안다
떠나야 할 때
질 줄도 안다

꽃 같은 시를 기다리고, 쓰고
나눈 지 십오 년
나에겐 위로였으나
그대에게도 위로가 되었을지…

오늘도
아침 해가 솟고
귀한 하루가 배달되었다
감사하다

2019년 여름
봄비 권예자

차례

2부

3부

4부

5부

• 일러두기
한 연이 첫 번째 행에서 시작될 때는 > 로 표시합니다.

1부

별똥별이 떨어진 이유

이것은
오래전에 멸망한 왕국 기마궁수의 넋
날마다 무기를 점검하는 화살나무
깃털과 깃간을 다듬고 촉을 벼리는
충성심은 현재진행형이다

애마의 행방을 잃어 그 자리에 박혀있어도
언젠가 감행될 진격을 위해
화살을 점검하며 전의를 불태운다
비밀스러운 야간훈련에도 토를 달지 않는다

가상의 적을 향해 날려 보낸 화살은
종종 되돌아와 제 가슴에 박히기도 하지만
기마궁수의 자부심에 후회는 없다
여름밤 대대적인 입사立射 훈련에는
흩어진 병사들 모두 함께
멀고 먼 과녁을 향해 일제히 살을 날린다

지난 밤 페르세우스 유성우*가
한꺼번에 쏟아진 것은
나라 잃은 병사들이 쏜 화살이
별들의 심장을 관통했기 때문이다

* 페르세우스 유성우perseids meteor shower : 매년 여름 페르세우스 별자리에서 7, 8월에 나타나며, 가장 절정인 시기는 8월 중순 무렵으로 시간당 평균 60~90개 정도의 별똥별을 볼 수 있다.

새끼손가락

한때 엄지손가락은
검투사의 목숨을 좌지우지했다
누군가의 기를 세워줄 때도
척, 올리면 그만
벙어리장갑도 그의 방은 따로 마련되었다

검지는 미와 추를 선별하고
미움과 반가움을 먼저 알아차렸다
누군가를 지목하여 자유를 빼앗기도 했다
가운뎃손가락이
중심을 잡고 큰 키를 자랑하는 동안
무명지는 화려한 보석반지를 끼고
한약의 온도를 재었다

못난이라고 눈총을 받아도
한 몸에서 태어난 핏줄이라며
제자리를 지켜온 새끼손가락

그들은 모르고 있었다
중요한 약속은
늘 새끼손가락이 한다는 것을
가장 약한 것이
온몸을 끌고 간다는 것을

통나무 의자 카페

산등성이 오르는 길
좌석 여덟 개가 전부인 저 카페
잔잔히 흐르는 음악 대신
바람과 새소리를 틀고
날마다 새로운 꽃과 고운 잎으로
분위기를 바꾼다

배경음악을 지휘하는 가지런한 바람은
가끔 레코드바늘처럼 튀어 오를 때가 있다
이런 날은 손님이 뚝, 끊기지만
임시휴업이던 카페는 곧 열린다

이 카페 손님들에게 불의 사용은 금지되고
음료나 음식은 손님 스스로 준비한다
정원은 여덟이지만 예비좌석에 제한이 없어
입실을 거부당하는 경우는 없다

혼자 온 손님은 명상과 묵상을 즐기고
몇몇 일행은 대화로 마음을 나눈다
판소리나 아리아를 부르는 이도 있다
때로는 누구에게도 말 못할 고민을 가져와
흐느끼는 사람도 있다

하지만 이 카페는 과묵해서 비밀을 잘 지킨다

한 번의 죽음을 딛고 개명해서
다시 살아가는 통나무 의자들
나이테가 지워져 추억이 잘려나가도
이 카페를 떠나 본 적이 없다
그래서 신속 카페는 오늘도 성업 중이다

가문비나무 기록장

알고 보면 이건 손바닥만 한 소우주
원시림처럼 빽빽한 길 사이
공간을 찾아 행성을 타고 드나들지
하늘을 날아다니고 물밑을 헤엄치지
사람들은 페이지를 넘기다가
어느 행성의 정거장에 내리곤 하지
내가 모르는 지름길
만나지 못한 사람들이 거기 있네
신선한 말들은 금방 가슴을 적시기 마련

어떤 활자들은 병든 벌레 같아
죽은 나무 향기에 까맣게 몰려든 불청객
그럴 땐 책장을 덮어버리면 그만

이 세상을 한 권으로 압축할 수도 있지
이 우주까지도
하늘을 안다고
산을 안다고 말하지만
따지고 보면 세상은 다 복사판이야
하늘 아래 새로운 것은 하나도 없지

쉿, 조용히 해
여기, 누군가 들어와 있네
이 나무숲이 조심조심 흔들리는 동안
하나의 동그라미가 그려지고
그가 안으로 들어왔어
소리 없이 활자를 삼키고 있어
천천히

귀하거나 귀찮거나

여기저기서 이야기들 소란하다
앳된 안네 프랑코의
따뜻한 마더 테레사의 목소리 들린다
물 위를 걷는 여자가 출렁출렁 지나가고
백두대간을 떠나온 태백산맥에
사랑방 손님과 어머니가 앉아 있다
신경숙이 부탁한 엄마는 돌아오지 않았지만
사람들의 관심은 사라졌다
차동엽 신부의 무지개는 여전히 일곱 빛깔
고래를 춤추게 하던 칭찬이 흩어져 낭자하다
한 접시의 시가 흘러넘치고
어여쁜 여승이 칼의 노래를 불러도
아무도 관심이 없는 한낮
부여잡는 목소리들 툭툭 차고 돌아섰다

거처는 비좁고 몸은 골동품
마주 볼 눈도 들을 귀도 앉힐 자리도 없다며
호들갑 한 바가지 휙 끼얹었다

간신히 손잡고 따라온 어린 왕자의 말
'사막이 아름다운 건
어딘가에 우물을 감추고 있기 때문이야'

>

흠칫 놀라 되돌아간 재활용품수거장
수많은 이야기를 모두 삼켜 몸이 무거워진
소나기가 질펀하게 널브러져 있었다

시간을 깎는 여자

동공은 TV에 고정되었다
달팽이관도 동행했다
시간은 부드럽게 잘도 깎인다
숙련된 그녀의 솜씨는 베테랑급
가로 깎고 세로 깎고
둥글게 깎고 쐐기꼴로 깎는다
깜빡깜빡 오전을 깎다가
들락날락 오후를 깎는다
어깨를 잔뜩 구부리거나 무릎을 꼬아도
자세에 토를 달 사람은 없다
몇 번의 초인종이 울리고
핸드폰에서 넬라 판타지아가 흘러도
시간을 깎아 버리기에만 열중하는 그녀
어쩌다 배꼽시계에서 알람이 울리면
느릿느릿 일어나
보문산 메아리를 야금야금 뜯어먹고
대전 블루스를 질겅질겅 씹는다
노령연금처럼 들어왔다 사라지는 하루
오늘도 벌써 한나절을 깎았다
그녀가 깎기를 거부한 유일한 시간은
달력에 붉은 동그라미를 그려 고정한
맏손자의 결혼날짜뿐

보이지 않는 지배자

일각여삼추一刻如三秋다
눈 깜빡할 사이에 간다
손가락 사이로 물 새듯 지나간다

누구는 빠르다고
누구에겐 느려서 타박을 받지만
늘 일정한 보폭으로 걷고 있다

급하다고 뛰거나
힘들다고 주저앉은 적 없다
누구와도 타협하지 않는다
찾아오는 이를 내치는 법도
떠나는 이를 붙잡을 줄도 모르는
보이지 않는 지배자

가장 먼저 태어났으나
가장 오래 살아남을 그의 전법은
없는 듯 조용하게 남의 눈에 띄지 않는 것
지금도 그는 벽에 책상에 손목에 갇혀
일정한 호흡으로 걷고 있다

죽은 자의 랩

낡은 소나타로 뻥 뚫린 길을 간다
끼어들기 속도위반 보복운전이 없는
고속도로를 달린다
입에 거품을 물고 주먹질하며
앞서려는 운전자도 보이지 않는다

그 많던 차들은 다 어디로 갔을까
그 많던 사람들은 또 어디로 갔을까
거치적거리는 것 없는 세상
일어날 수 없는 일이 일어난 것이다

주공 아파트 14층 13호
엘리베이터서 내렸지만 반겨줄 가족이 없다
TV는 꿀 먹은 벙어리
그 많던 사건 사고들은 일어나지 않았다
붉은 머리띠에 복면한 열혈간부
주먹을 흔들며 독설을 뱉던 입술도 없다
물대포만 좍좍 물을 뿜는다

소음 같던 음악 채널도 잠잠하다
음표는 소리를 잃고 허공을 떠다니고
말춤 막춤 스포츠댄스도 구성되지 않았다

앞동 뒷동에도 사람 하나 어른거리지 않는다
아니꼽고 메스껍던 그들은 사라졌다

드디어 찾아온 내가 꿈꾸던 세상
그런데 무섭다
흑백의 침묵이 무. 섭. 다.
나는 이미 금지된 선을 넘은 것인가
내 몸이 만져지지 않는다

달다

— 정끝별의 '밥이 쓰다'를 읽다가

시집 '꽃을 보듯 너를 본다'가 날개를 달다
나태주 시인의 표정이 온화하게 달다
달다*의 싱글앨범 Darling이 달다
그 목소리가 달다

커피 캐러멜마키아토가 달다
크리스피 도넛이 아주 달다
마주 앉아 먹는 당신의 눈길이 달다

밤의 공원에 빛을 달다
아파트에 LED 등 열일곱 개를 새로 달다

지겨운 연인과 헤어질 때
초밥 먹으며 흘리는 눈물이 달다
시난고난 살다 빌딩 값을 남기고 가신
홀시아버지의 영정사진이 달다

39도 폭염에 아스팔트가 달다

거실 가장 좋은 자리에 십자고상을 달다
지구를 태양에
달을 지구에

나를 당신에게 매달아 놓은
하느님의 사랑이 눈물겹게 달다

* 솔로 아티스트(이효진) 2016년 11월 '들킴 주의'로 데뷔. 좋은 말, 동화, 금요병, 니가 좋다 등 발표.

뜨지 못하는 배

바다를 버리고 뭍에 우뚝 서 있는
하얀 몸체에 화려한 테를 두른 여객선 카페
모습이 참담하다
꾀죄죄한 붉은 테 아래 줄줄이 흘러내린
눈물처럼 녹슨 얼룩들
하늘을 향해 내걸린 망사 돛폭은 의연하지만
어떤 바람도 저 배를 이끌어가지 못한다

단아한 계단은 승객의 발길을 잊은 지 오래
커피 냄새 자욱하던 카페엔
선남선녀의 웃음소리가 사라졌다
힘차고 들뜬 목소리들이 스며있는 선실
주정뱅이의 허튼수작까지 기억하는 샹들리에도
깊은 잠에 빠져 눈을 뜨지 못한다
오가는 사람들의 시선을 한몸에 받던 기억도
두꺼운 먼지 속에 몸을 숨겼다

누가 바람을 잡으려 했을까
깨진 유리창과 먼지만 쌓인 소파
흩어진 의자와 식탁 위에 악취만 흥건하다
도마 소리 요란하던 주방의 흰 모자들은
어디서 누구의 식탁을 준비하고 있을까

>

한바탕 파도가 휩쓸고 난 후
풍력과 항로마저 잃어버리고 쓸쓸히 서 있는 저 여객선
온 세상 바람을 끌어모을 선장의 계획은 무산되고
한 번도 뜨지 못한 저 배는
폐선이 되어 천천히 가라앉고 있다

바람의 노선

고층빌딩 회전문 밖
핼쑥한 바람이 안을 엿보았다
정갈한 나무들의 꼿꼿한 몸매
우아하게 웃음 띤 화초들
회전문 안에 천국이 보였다
기회를 잡은 바람이 출근의 꼬리를 잡고
회전문 안쪽으로 입성에 성공했다

부럽기만 하던 회전문 안쪽
이리 차이고 저리 밀리며
올라도 자꾸 높아지는 허기진 계단
아찔한 순간순간의 추락
한 번도 당당하지 못하고
주목받지 못한 그의 정체성

벗어날 수도 없는 회전문 안에서
지치고 찌그러진 바람 몇
탈출모의를 시작했다
자유롭게 휘어진 나무들과
따뜻한 풀꽃들 사이로 가자했다

>

회전문 밖에서 안으로
안에서 밖으로
바람의 노선은 오늘도 유동적이다

날마다 술래

기회를 노려도 나서기가 쉽지 않아
산에 들에 생활의 갈피에
마음속에 숨어있는 소리 없는 것
깜깜한 다락방에 웅크린 낯선 언어들

불러도 대답하지 않는 건
제약이 많기 때문
흔하고 친근해도 안 되고
누구와 먼저 손잡은 것도 피하고
지나치게 말랑하거나
너무 단단해도 외출을 할 수 없지

켜켜이 쌓여 부패하거나
먼지로 흩어지기도 해
먼 곳만 바라보니 잘 보이지도 않아
순간에 반해 마주 서 보면
어디선가 만났던 지루한 얼굴들

악보도 음계도 마침표마저 없는
무형식의 굴레 속에서
날마다 그와 만나는 법을 습작하지
모두를 감동시킬
짜릿한 연주를 꿈꾸며

나에게 타협하다

그녀는 내게 속삭인다
해봐. 그게 뭐 어때서
자존심 따위는 버려
늘 남의 뒤만 따라갈래?
발 걸어, 낚아채

새처럼 상냥하고
꽃처럼 다정하지만
그녀는 늘 힘이 세다
져주긴 쉽고 버티기는 어려워
번번이 머리 숙여 타협했다

오늘도 독과 약 사이를 오가다
옷 갈피에 구겨 넣은 말
이번뿐이다
이것이 마지막이다

내가 잘 넘어가기를
당신은 걸려 넘어지기를 바라며
오른발 슬쩍 올린다
툭,
또다시 찍은 검은 발자국

물음표(?)

나 척척박사 아니야
왜 나한테 자꾸 물어
사실 나는 궁금한 것이 있어도
물을 데가 없어

세상엔 모르는 게 약이라는 말도 있지
많이 알아서 다 좋은 건 아니잖아
너무 잘 알아서 꼬이는 일도 많거든
꼬치꼬치 캐내지 말고
모르면 모르는 대로 편하게 살아

쉼표는 저 쉬고 싶을 때 쉬고
마침표는 끝내고 싶을 때 그만두고
말없음표는 생각을 떠넘기는데
나는 왜 늘 대답에 쫓겨야 하지

하긴 궁금한 것들 묻고 또 물어
세상이 이렇게 좋아졌다고는 하더군
그래도 내 처지가 달라진 것은 하나도 없어

이제 그만 물어보면 안 될까
매번 발뒤꿈치를 들고 서 있으니

발목이 끊겨 죽을 맛이야
때로는 알면서도 모른 척하는 게
미덕일 수도 있어
오늘은 어깨 펴고 누워 한숨 푹 자고 싶어
? ~~ —— 이렇게

늙은 주전자의 속내

고려시대에 태어난 늙은 주전자
새하얀 은빛 몸체에
금으로 단장한 귀하고 귀한 몸
주인을 따라 순장되었다가
해외 이민을 떠난 지 팔십여 년
보스턴미술관에 주소를 두었네

몸체의 대나무 장식에선 날마다 바람이 일고
뚜껑의 정교한 연꽃 겹겹이 피어나는
은제금도금연화형주전자*
길게 솟은 주구가 꼿꼿한데
날개 접은 봉황은 귀향할 준비를 마쳤다

놀라워 굽히는 허리들에 미소 지으며
날마다 승반과 손잡고
귀향의 손길을 기다린 지 오래
두 동강이 난 조국에선 기별이 없다

오늘도 동쪽 하늘 바라보며
음각과 양각을 올올이 곧추세워
고향으로 돌아갈 채비를 하며
거뭇거뭇 늙어가는 나이 든 주전자

* 고려시대 제품으로 개성의 고분에서 출토, 1935년부터 보스턴미술관 소장 보험가액 400만달러(약 50억원), 2009년 한국박물관100주년 특별전 출품.

2부

가벼운 입

갈피가 열릴 때마다
제 의견을 말하지
한 몸에 수많은 입을 가졌고
한 개의 입으로 같은 말을 되풀이도 하지

겉모습은 초라해도 존경을 받는가 하면
앵무새처럼 남의 말을 옮기거나
의미 없는 말로 짜증을 유발하고
말 아닌 말로 상대를 지치게도 해

빈 수레처럼 터덜거리는 지식은
한 장 한 장 넘겨보면 들통나기마련
상대는 다양하고 더러는 교만하거든
수틀리면 덮어버리면 그만이야

아무리 고아한 성품으로 태어났어도
누군가 갈피를 열어주지 않으면 모두 허사
동서고금을 넘나든 지식도
행간에 숨긴 진실마저도
전할 기회를 얻지 못하거든

>

입만 있던 것이
귀만 있는 것으로 바뀌는 순간
누렇게 탈색해 웅크려있어야 하지
누군가 손을 내밀어 펼쳐 줄 때까지

날마다 쏟아지는 책들
시집 수필집 소설 문예지
가벼운 입들이 쌓이고 널렸어도
오래도록 제 말을 전할 수 있는 이는
아직 입도 열지 않았을지 몰라

그가 죽었다

백주에 그가 죽었다
사람들이 수없이 오가는 대로변에서
비명이나 몸부림 한번 없이

모르는 것이 없고
못 가본 곳이 없고
못 하는 일도 없었던 그가
저 죽을 시간을 몰라 비명횡사했다

빼곡히 적힌 약속과
수많은 질문의 해답이 정지되고
미처 못 부른 노래가 장송곡이 되었지만
온몸 구석구석 채워 넣은 지식은
추도사도 되지 못했다

아무런 일도 일어나지 않은 것처럼
햇빛은 찬란하고 자동차는 달리고
사람들은 대화를 나누며 웃음 짓는다
세상은 달라진 것이 하나도 없다

피붙이보다 가까이했던 그가 죽었음에도
부고 한 장 받은 이가 없는

저 스마트폰의 죽음
필수품이던 그가
어느새 소모품으로 바뀌었다

요양병원의 파문

요양병원 A병동 하얀 가운
잘 주무셨어요?
음식을 먹이고
옷을 갈아입히고
배설물을 처리하며 환자를 돌보는
천사 같은 여인 하나

때론 가물거리는 의식에
와락 멱살을 잡혀도
우리 할머니 팔심이 좋아지셨네
활짝 웃으며 내 몸이듯 다독이는
향기로운 그녀

불혹에 혼자되어
어린 남매 키우며
궂은일 가리지 않는 꼿꼿한 그녀에게
슬금슬금 찾아든 털북숭이 손들

앞에서 웃어주고 뒤에서 꼬집으며
말이 말을 낳기 여러 번
음흉한 말끝이 파문波紋을 일으켜
파문破門 당하고만 그녀

병원 문을 나서며
웃었으면 꼬집지 말든지
밟으려면 손이나 내밀지 말든지

일방적인 계약

어스름에 골목길을 걷는데
바람에 떠밀린 낙엽 한 장
주름진 얼굴에 찰싹 달라붙어
떨어지지 않는다

쇠망한 집안의 장식장에 붙어
거만하게 내려다보던 압류딱지처럼
붉은 얼굴이 단호하다

너의 시간이 소멸할 때가 되었다
욕심내지 말라는 듯
팔랑대는 낙엽의 말

가던 길 가면서 구차한 변명 늘어놓는다
너를 부른 적이 한 번도 없다
해가 바뀔 때마다
네 멋대로 찾아와 쌓였을 뿐

서명날인도 한 적이 없는 계약에
슬그머니 목이 졸리는 십일월 끝자락

오류리 등나무*

신라 서라벌 오류마을에는 어여쁜 자매가 살았답니다. 둘은 옆집 총각을 짝사랑했지요. 그 총각의 전사 소식을 듣던 날, 울다 지친 자매는 나란히 연못에 몸을 던졌답니다.

이듬해 처녀들이 투신한 그 자리에 네 그루의 등나무가 자라났어요. 몇 년 후 늠름한 화랑이 되어 돌아온 총각, 자매의 이야기를 듣자마자 연못에 뛰어들었답니다. 그 후 등나무 사이에 팽나무 한 그루가 돋아났대요.

천 년이 지나도 등나무들은 팽나무를 끌어안고 사무친 사랑을 고백해요. 오월이면 휘고 굽은 줄기마다 간절한 연서를 적어 두어요. 절절한 마음의 편지 잘 읽어보라며, 주렁주렁 보랏빛 등불도 환하게 밝혀놓아요.

보는 이들은 속도 모르고 팽나무가 등꽃을 피운다고 말하네요. 겨울엔 팽나무를 싸고도는 등나무의 모습이 끔찍해서, 얼키설키 휘감긴 몸을 억지로 떼어 지지대에 얹어줘도 등나무는 자꾸 팽나무에만 손을 내민답니다.

사람들은 알까요?
두 여자 사이에 서 있는
한 남자의 마음을

* 천연기념물 제89호. 줄기 지름이 40~50cm. 동서 20m, 남북으로 50m 정도 퍼져있다. 이 등나무 옆에 깊은 샘이 있었다하나 지금은 찾아볼 수 없고, 옆에 실개천이 흐르고 있다. 이곳은 신라 임금이 사냥을 즐겼던 숲으로 용림이라 불렸고, 등나무는 용등이라 부르기도 한다.

장미무늬 소파

장미꽃무늬 옷을 입고 있으면
지쳐 퇴근한 홀쭉한 남편
풀썩 주저앉으며 꽃잎을 쓰다듬고
저녁 설거지 마친 푸짐한 아내
눅진히 기대어오네
철없는 개구쟁이
받아쓰기 백 점 맞았다고 방방 뛸 때
삐걱,
나도 모르게 터지는 비명
살그머니 목구멍 아래로 구겨 넣었네

우리는 남의 휴식을 위해 태어난 민족
오붓한 가족의 평범한 저녁 휴식은
힘겨운 노동의 시작이었네
갈비뼈가 부러지고
살갗이 처지고
관절이 삐걱거려도 주저앉지 않았네
철모르고 핀 장미꽃이
하얗게 바랠 때까지

채혈실의 속도

색색의 옷들만큼이나
다양한 병균에 노출된 사람들이
순서지에 엎혀 시간을 잡아당긴다

짧은 옷깃을 끌어올리는 등산복
쿠션에 널브러진 원피스
쿨럭쿨럭 기침이 멈추지 않는
링거를 매단 환자복
살이 비어져 나올듯한 티셔츠
헤드폰을 낀 구멍 난 청바지

부류가 다르다는 듯 멀찍이 앉은
정장 몇 벌과 속 빈 바바리코트
시선을 높여 허공을 응시하지만
지루하긴 매한가지
불끈 팔목에 힘을 주어도
헐거워진 혈관은 보이지 않는다

낡은 옷 구석구석을 더듬는 손과
기다리는 옷들의 시간은 속도가 다르다
주삿바늘의 더딘 출근을 원망해도
그의 시간은
아직 종합병원 채혈실 밖에 있다

분재 연구논문

스승*이 말했다
내 손길이 닿으면 너는
가장 아름다운 몸을 갖게 될 거다
조율은 다정하게 시작됐다
스승은 분재에 관한 연구논문을 쓰는 중

체력을 무시한 노동에 나무는 어떻게 변화하는가
40회씩 쏟아진 야구방망이 찜질은
몸피에 어떤 형태의 상처를 남기는가
꾸역꾸역 목구멍을 넘어간 인분 포도주는
인체에서 어떻게 분해되는가
특히 스승의 것이 하사되는 경우에

용상**으로 들어 올린 A4용지의 무게와
자존심의 함수관계는
억대를 넘는 빚의 족쇄로 굴절시킨 발목뼈로
어디까지 달아날 수 있는가
얼굴에 비닐을 씌우고 스프레이를 뿌리면
어떤 호흡법에서 가장 고통스러운가

분재로 다듬어진 몇 해
뒤틀린 척추 너덜너덜한 살갗

휘고 꺾이고 뒤틀린 형상으로
그는 가장 경이로운 인간분재가 되었네
세상 어떤 분재전시회서도 견줄 나무가 없는

* 2015년 제자를 감금하고 노예로 부린 교수가 입건되었다.
** 용상 : 역도에서 어깨까지 들어 멈췄다가 위로 올리는 기술.

자기소개서

이름은 조화
저를 만만히 보지 마세요
휘어질 수 있어도 꺾이지는 않습니다
계절과 날씨의 변화는
태어날 때 정복했고
끈질긴 생활력에 수명도 깁니다

향기가 없다고요?
뿌려지는 향수에 따라서
수백 가지 향기를 가질 수 있어요
수태는 못하지만
벌 나비를 유혹할 자신도 있답니다

우울하게 먼지 낀 얼굴도
샤워 한번이면 말끔해집니다
색깔도 다양하고 화려해서
사람들의 시선을 사로잡을 수 있어요

설사 당신이 생화를 들여와도
절대 질투는 하지 않을 거예요
음지에 저를 방치해도
물을 주지 않아도 시들지 않습니다

>

가짜라고 생각하는 건
일방적인 편견입니다

인터넷 카페

새벽에 눈 뜨자 들러
검은 바탕을 긁으래서 긁었지
마우스 길 따라
꽃 한 송이 피어나더니
피고 또 피어나는 꽃무리

이게 웬 횡재야
신기해서
긁고 또 긁다보니
화면 가득 자꾸만 꽃이 넘쳐

그 꽃들 모니터를 빠져나와
내 방을 가득 채우고
슬금슬금 아파트 베란다를 넘어가
천지가 꽃 바다 되었네

꽃밭에서 일출을 보는데
채소와 생선도 꽃 따라 떠나가고
텅빈 식탁에 나 혼자
고개 숙인 꽃으로 피어있네
눈으로 먹은 꽃을
차마 밥상에 올리지 못하여

소문 올림픽

다리도 날개도 없는 것이
올림픽 단거리 선수보다 빠르다
양궁 화살처럼 순식간에 날아
누군가의 가슴에 날카롭게 박힌다
접영 배영 자유형 100m 200m 1,500m
장기근속 다관왕도 된다
조르고 꺾고 누르며 메치는 기술로
일찍 한판승을 따내기도 하지만
절반 유효 우세로 끈질기게 따라붙기도 한다
공격 방법도 다양하다
플뢰레 에페 사브르 길이가 다른 칼로
범위를 옮겨가며 찌르고 또 찌른다
메달도 연금도 없는 소문 올림픽
가장 멀리 가장 넓게 치명적으로
상대를 공격하는 통합기술
경기종목과 선수의 이름은 사라져도
매트에 쓰러진 상대는 일어서지 못한다
42.195㎞ 마라톤이 끝나
성화가 꺼지고
대회기가 내려질 때까지

녹슨 동행

지나온 길들이
지지대에 묶여 있다

잘 포장된 도로 울퉁불퉁 거친 길도
주저 없이 달렸던 저 자전거
이곳에 주소를 둔 날이 까마득하다

순종만 익혀온 바퀴의 속도가
단 한 번 궤도를 벗어난 것뿐인데
사라진 길은 돌아오지 않았다

그날의 사고로 주인의 기척은 끊어져
아파트 벽보판 일제정리 공고에
움찔움찔 물러나다 주저앉는다

떨어진 공간 초점 잃은 눈망울로
가야 할 노선을 놓친 채 녹슬어가는
그 남자와 그의 자전거

붉은 손톱

검푸른 바위 사이를 누비며
조새로 굴 따는 할머니
쭈글쭈글한 손끝에 붉은 매니큐어가 시리다
새벽부터 저물녘까지
뜨거운 해를 등에 지고 바다에서 늙었다
간기에 절어 갈라진 손등에 피가 맺혀도
바위를 더듬던 손은 쉴 새 없이
바구니를 들락거린다
오늘이면 끝날까
내일은 그칠까
비척비척 몸을 가누지 못하는
여든다섯 노인의 중심을
붉은 손톱이 부축하며 걷는다
손녀의 복숭아꽃 같은 얼굴은
바구니 속에서 웃는데
불어터진 손끝에서
점점이 빠져나가는 붉은 꽃물

* 조새 : 쇠로 만든 갈고리. 굴 조개 따위를 따는데 쓰인다. '쪼새'라고 도 함.

허공에 머물다

새들 몫으로 남긴
우듬지의 붉은 감 몇 개
운이 좋다고 믿었지만
초대한 까치 기다리다 지쳐
툭툭 떨어진다

품었던 몸체 놓쳐버린 감꼭지
발치에 엎드린 홍시 허망하게 바라본다
꽃받침으로 다독이며 열매로 보듬고 자라
함께 꺾여 곶감이 되었을 몸

시체柹蔕라고 불리며
병든 몸에 서린 냉기 덜어내고
역한 기운을 잠재워 주었을 능력
공중에 매달려 소멸하고 있다

고위층에 익숙한 영감님처럼
앙상한 뼈마디로 내려오지 못하고
우듬지 지키며 눈보라에 시달린다
딸꾹딸꾹
멈추지 않는 목울대 울리며

뽀얀 수줍음

사우나 한쪽에 수줍게 앉아
조용히 몸을 닦는
나이든 여승의 늘어진 유방
흐린 불빛에 반사되는
매끈한 두상이 눈부시다
가사를 입으면 경건한 스님
옷 벗으면 미성숙의 숙녀
외로워 보이는 뒷모습에 끌려 말을 걸었다
스님 제가 등을 밀어 드릴까요
아니, 괜찮아요. 괜찮아요
화들짝 놀라 웅크리는 뽀얀 몸매에
까닭 없이 눈물이 핑 돈다

속세에 단단히 묶인 내 눈에
한 번도 어미가 된 적 없는
여승의 가슴은 보이고
찌든 때 묻은 내 속은 못 보는
바스스 슬픈 시월 어느 날

3부

노선을 변경하다

천사 호에 살던 휘어진 그 남자
홀로 길 떠났네
집 밖에서는 함께 걷지도 않던
화려하게 나이든 아내가
아침 준비를 마치고 들어가 보니
차디찬 몸으로 변해 있었다네

고개가 구십 도로 꺾인 지 십오 년
바짝 마른 몸매 껑충한 키
곧추서서 하늘 한 번 못 보고
세 개의 다리로 걸음을 끌며
느릿느릿
복지관을 오가던 그 남자
주변의 무관심을 원망하듯
눈발 깊은 밤 생의 노선을 변경하였네

영정사진 속 사슴 같은 얼굴이
남은 자에게 위안을 주었지만
아파트 문상객들 자꾸 고개 저었네

한 생을 부부로 살아왔으나
굽은 목뼈를 곧게 펴고 나서야

고운 아내의 남편으로 돌아와
천국 계단을 오르는 천사 호 그 남자

사막에서 살아남다

모래는 발목을 움켜잡았어
바람이 눈을 감기고 뺨을 할퀴고
가슴까지 쥐어뜯게 했지
가고 싶은 곳도
가야 할 방향도 찾지 못했어
불어오는 모래바람에
길을 선택할 여유는 아예 없었지

태양은 덩치 큰 이들에게만 비치고
음식은 손이 큰 이가
힘이 센 자가 물을 차지했어
한때 바다였던 사막은 물이 하던 습관대로
앞서간 흔적을 재빨리 지웠지

푯대 하나 꽂아놓지 못한 엄마
아내의 흔적을 찾아 떠난 아빠
혼자 남은 일곱 살 소녀에게
주변의 사막화는 아랄쿰*보다 빨랐지

그때였어
실뿌리 하나가 발끝에 닿은 건
물기가 생기고 점차 굵어졌지

어둠 속에서 별이 보이기 시작했어
북극성이 빛나고 길이 열렸지

사막 한쪽에 오아시스도 있다는 걸
그때는 몰랐지
눈에 보이지 않는 손이
언제나 곁에 있었다는 것도

* 아랄쿰 사막Aralkum Desert : 우즈베키스탄과 카자흐스탄 경계에 위치한 세계에서 네 번째로 큰 호수였던 아랄해에 생긴 사막. 물이 유입되는 아무다리야강과 시르다리야강을 무분별하게 개발함으로써 생겼다. 소금, 먼지, 모래로 구성된 500만ha의 광대한 이 사막은 점차 넓어지고 있다.

자물쇠와 열쇠

물려받은 내력은 숨기고 감추기
짝과 의견이 맞지 않으면 쓸모가 없는
이인 일조의 복식경기 선수
주인의 생각에 토를 달지 않는다
착 딸깍 찰깍 철컥
실행되는 소리는 각기 달라도
내재된 비밀은 깊숙이 간직된다

첫 만남은 미성숙의 일기장
드러내기 부끄럽던 성적표
혼자만 소중했던 연인의 편지
붉은 하트로 매달았던 고백은 달콤했지만
매력을 잃은 약속들은
공원과 노천카페에서 녹슬어간다

비자금 장부나 바람난 신사임당을
어둑한 곳에 모셔 놓았다가 철컥,
주인의 손목을 잠가
외출이 금지된 방에 밀어 넣기도 한다

그가 출옥하기 전
새로운 소속사로 이적도 다반사인

평생 죽이 맞는 단짝
자물쇠와 열쇠

칠월 자목련

시화전 끝나고 돌아가는 길
시청 동문 한 귀퉁이 환하다

어디서 노선을 놓쳤을까
가던 봄이 되돌아와
나뭇가지에 앉아있다

놓친 봄이 아쉬운 듯 더욱 붉어진 얼굴
낯선 계절에 놀라
휘둥그런 눈으로 쑥스러워한다

푸른 잎사귀 위에서 새처럼 지저귀며
초복에 익어가는
자목련 꽃송이 떼

소라껍데기 캔들

소라의 거죽이며 집이던 껍데기
돌아오지 않는 주인을 기다리며
모래밭에 앉아 하늘을 본다
구름이 모였다가 흩어지듯
생각이 들락날락 굽어지기 여러 번

아직도 정정한 뼈대를 수리하여
눈비에 담금질하며
소라게에 끌려 돌아다녀도
허전하기는 매한가지

눈먼 악사의 나팔로 슬픔을 토해보고
세련된 아가씨의 귓바퀴서 달랑거리며
먼 길을 돌아다녀도 만날 수 없는 그

오늘은 바다가 보이는 천막선술집
술안주 접시의 장식품으로 엎드려
밤 파도의 뒤척임에 귀를 씻다가
화들짝 놀라 불을 밝힌다
혹여 집 나간 주인이 돌아올까 봐

등이 꺼지다

엄마 엄마 불쌍한 우리 엄마
이제는 등 꽉 펴고 사세요
절대 굽실거리지 마세요
목숨 줄 놓은 어미에게
저승 가서는 잘 살라는 딸

빈 박스를 줍고 엎드려 기도하며
날마다 겸손을 펴 나르느라
일생 펴 본 적 없는 깊게 휘어진 등

그 등에 업혀 자라고
기대어 책을 읽으며
함께했던 많은 날이
함몰되는 작별의 시간

한 개의 등이 꺼질 때
휘어졌던 그림자들 일시에 무너지듯
어둠이 왔다
바코드 하나 보이지 않았다

꺼진 것이 어느 등인지 알 수 없는
등과 등 사이로 떠나가는 영구차

동그라미

컴퓨터 자판으로 동그라미라고 쓴다
자판 몇 개 눌렀을 뿐인데
동글동글 연달아 나타나는 동그라미
머릿속을 동글동글 떠다닌다
모난 곳도 상처도 없는 그들
끝이 없듯 시작이 없고 상하 귀천도 없다
웃는 얼굴이 동그랗고 착한 사랑도 동그랗다
사과 배 복숭아 체리 블루베리
맛있는 열매도 동그랗다
동그랗게 좋은 것들을
바라보는 눈동자도 먹는 입도 동그랗다
동그란 목구멍을 통해 동그란 내장을 지나
동그랗게 밖으로 나온다
온몸이 동그랗다
동그란 자궁에서 태어나
동그란 무덤으로 가는 착한 동그라미들

누가 이 동그라미 안에 가시나무를 심었을까
쉴 새 없이 서로를 찔러대다가
가시 돋친 목소리로 내지르는 말
너는 왜 자꾸 나를 찌르니?

생각하는 TV

요양원 창문에 기댄 백발의 노인
배롱나무 아래 버려진
뚱뚱한 아날로그 TV를 보고 있다
드라마 주몽 전원일기 태조 왕건
종합 4위 88올림픽 4강의 신화 2002월드컵이
꺼멓게 녹슨 뇌관을 비집고 빠져나온다
주름 사이로 보이는 희미한 미소
그의 시간은 여전히 아날로그다

쓸만하지만 버려지는 것들이
생의 꼬리를 잡고 매달리는데
늘 바쁜 아들 외국에 영주권을 얻은 딸이
혹여 데리러 올까
기다리고 또 기다려도
성공한 자식들에게 노인의 자리는 없다

붉음이 끝난 걸 눈치챈 건 입원하던 날
물기 없는 손을 어루만지며 시선을 외면하던
자식들의 곡진한 한마디
건강이 회복되면 꼭 데리러 온다고

화무십일홍을 모르는 백일홍이

여러 번 피고 진 병원 꽃밭 사이로
버림과 버려짐을 구별하지 못하는
낡은 TV와 노인의 희미한 동공이
오래오래 눈 맞추고 있다

종의 목소리

종鍾소리가 들린다
불의 힘으로 단련된 종
맞을 때 비로소 튀어나오는
숨어있던 우렁찬 성대
저렇게 뜨거울 수 있을까

종從이 운다
오래전 절에서 종처럼 살던
제가 종인 줄도 몰랐던 불목하니
연꽃무늬 당좌를 들이대고
당을 맞으며 소리친다
종種의 기원*은 알아도 결말은 모른다며
산에서 내려와 멀리 사라진다
종. 종. 종. 조~옹

* 찰스 다윈이 쓴 책(진화론).

만국기

행사에 초대받아
똑같은 크기로 같은 줄에 매달려
펄럭이는 만국기들
줄지어 흔들려도 같은 급수는 아니다

그저 함께 매달렸을 뿐인데
당당한 갑
찌그러진 을
존재도 알 수 없는 병

해가 지지 않는 영토를 가졌던 유니언 잭
처음을 기억하며 현재를 내세우는 성조기
절대왕정을 타도한 라 트리콜로레*
욱일승천 붉은 동그라미 뚜렷한 일장기
노란 별 다섯 개로 이념을 새긴 오성홍기
빛과 그늘의 조화를 다독이며
원형의 순수함을 간직한 태극기

바람에 흔들리는 저 만국기들 속
오천만 사랑스러운 우리 태극기
조마조마 애처롭다
아슬아슬 위태롭다

* 프랑스 국기의 명칭.

이랑의 간격

보성 녹차밭 이랑 사이로
울긋불긋 물고기들 헤엄친다

차밭으로 구경나온
도시의 물고기들
소곤소곤 속삭이고
저벅저벅 거침이 없다

거대하게 구불거리는 파도 속
발효되지 못한 이야기들 질펀한데
이것이 닫히고
저것이 열릴 때마다
놀란 바람이 구름의 발목을 잡는다

멀리서 좁고
가까이서 넓은
너와 나의 간격 같은 차나무 이랑 사이
덖고 또 덖어
한 잔의 녹차가 되기 전
우리 사이는 아직 멀고 낯설다

바위도 움직이고 싶다

늘 그 자리에 있는 그
바람이 잡아끌고 꽃들이 손짓해도
본척만척 요지부동이다

보듬어줄 이를 품어 안고
찾아올 이를 기다리는 바위
표정을 숨긴 그의 가슴 속
크고 작은 상처 더덕더덕 꿰맨 흔적
움직일 수 없는 아픔 내색하지 않는다
얼키설키 팔다리를 움켜쥔
흙과 뿌리들이 놓아주지 않았음을
아무도 모른다

안으로 병들고 밖으로 삭아버린 후
태풍을 핑계로 우르르 굴러
산산조각이 날 때 비로소 안다
바위도 움직이고 싶었다는 걸

아버지
바위 같은 그 이름
늘 그 자리에 있어 좋기만 하던

생각 물들이기

좌는 빨갛고 우는 파랗다
진보는 빨갛고 보수는 파랗다
사상을 껴안은 색들
영문도 모르고 분주하다

너와 내가
너희와 우리가 색으로 나뉘고
제 편으로 물들이기 바쁜 오늘
시간은 쉬엄쉬엄 늙어간다

치자 애기똥풀은 노랗게
소나무 떡갈나무는 갈색
쪽과 쑥이 푸른빛 염색을 하는 동안
황토 소목은 백반과 소금을 곁들여
붉은색을 낳는다

노랑을 지나 연두
연두 넘어 초록 다시 노랑 빨강
계절이 바뀌는 동안 우리는 알게 된다
언젠가는 검정을 뛰어넘어
순백의 세상이 온다는 것
색이 없는 것도
영원한 색도 없다는 것을

매듭인 듯 매듭 아닌

자를 수도 풀 수도 없는
단단한 매듭이 있네
실이 엉키기 전
서로 손잡고 팔찌 목걸이
식탁보가 되었던 때도 있었지

씨줄과 날줄이 두 개로 나뉘던 날
뒤돌아보지도 않고 돌아섰지만
보이지 않는 매듭에 묶여
여전히 허우적거리는 나날들

미처 풀지 못한 매듭은
칼로 잘려 더는 매듭이 아니지만
둘 사이에 남아 있는
끊어지지 않는 생생한 매듭 하나

함께해야 존재가 인정되는
부부라는 그 이름
보이지 않는 질긴 매듭이
그와 그녀를 다시 잇고 있네

그 여자의 샘물

그녀는 서늘한 저녁을 피해
사막의 정오 땡볕 아래 물 길러 갔지
여섯 남자를 거쳐서도
제 남자를 갖지 못한 그녀는
사람들 눈이 두려웠거든
얼굴을 가리고 작은 물동이를 이고
주춤주춤 우물가로 갔지
거기 눈 깊은 남자가 말을 걸었네
나에게 마실 물 좀 다오
서로의 물을 나누어 마신 후
그녀는 종종 무대의 주인공이 되었지
상대역이 누구인지 알 만한 사람은 다 안다네
일곱 번째 그 남자는
그녀의 유일한 남편이 됐거든

수돗물 콸콸 틀어 물 쓰는 여인들
샘물이 귀한 것 눈치도 못 채지
좋은 남편이 꼭 필요한 것도 모르지
부끄러워 얼굴을 가릴 줄도
때를 가늠할 줄도 모르지
낯선 이에게 물을 나누어 줄 생각은
아예 하지도 않지

여기저기 보이는 사마리아 여인들을
손가락 쑥 내밀어 찌르기는 잘하지
거침없이 돌팔매질도 하지
우물이 돌멩이로 가득 차 막혀버릴 때까지

4부

골무의 변천사

원래 직업은 주인의 손가락을 돌보는
보디가드였지요
길을 잃은 바늘이 밀고 들어올 때마다
몸을 던져 그를 밀어낸 것이 바로 저랍니다
조그맣고 앙증맞지만 충성심은 절대 뒤지지 않아요
자尺, 가위, 바늘, 실, 인두, 다리미
주인이 아끼던 규방칠우 중
나처럼 주인을 보호하는 이는 없었답니다
그래서 주인의 사랑을 독차지했지요
몸에 꽃과 새 별들을 수놓아 단장한 것은
오직 나뿐인걸 보면 아시겠지요

시절이 바뀌어도 우리는 포기하지 않았어요
약국에는 기다란 상처보호용 골무가 있고
서류를 넘기는 손가락 골무도 있답니다
컴퓨터에 들어가 사물의 촉감을 느끼게 하는
팬텀 골무도 개발되었어요
더 곱게 치장하여 노리개로 수출도 합니다
작고 힘이 약해도
우리는 이렇게 진화하고 있어요

점점이 뜯기고 구멍 난 몸으로

바람에 데구루루 굴러가는
원조 할머니골무 하나
잘 키운 후손 자랑에 침이 마른다

고독사

한 번도 저를 위해 살아보지 못한 그
꼭 한번 저를 위해 살았다
아니 죽었다
실력보다 좋은 건 없다며
날개를 빳빳이 세워 손바람을 밀어내고
당당히 차지했던 자리
능력 있는 후배에게 정규직을 빼앗긴 후
임시직으로 전전했다
몇 번의 여름이 지나도록
눅눅한 창고에서 예비역으로 녹슬다가
아무도 눈여겨보지 않는 시간
홀로 목숨을 끊었다
정규직의 식상한 파업이 계속되던 날
청소도우미가 선풍기 전원을 연결하자
툭, 목을 꺾어 생을 버렸음을 알린 그
들어줄 이가 없었으므로
어떤 유언도 남기지 않았다

절망의 나이를 턱없이 낮춰버린
원룸의 오십 대 고독사
여름이 아찔하게 길다

지키고 싶은 이름

저장된 물건에 따라 이름이 달라져요
소금이 담기면 소금 창고
곡식을 담으면 농산물 창고
자재를 넣으면 원자재 창고
땅속 깊숙이 유류 저장고
냉동 냉장 위험물 창고
창고는 쉽게 이름이 바뀌어요

엄마,
곱디고운 우리엄마
엄마의 남자는 뜻대로 바꾸셔도
제 뿌리를 자꾸 바꾸지는 마세요

처음 그대로 내 아빠 안에 두세요
아빠라는 창고 안에
제 이름을 꼭 담아놓고 싶어요
○○ 아빠라고

짧은 동거

예쁜 마음 한 다발 감사해요

이 겨울 어디서 이렇게 귀한 꽃을 구하셨나요
흰색과 연보랏빛 스토크*가 잘 어우러져
꽃을 안은 제가 그만 귀족 반열에 올랐답니다
늘 부제로 쓰이던 스토크가
오늘은 주제가 되어 환하게 웃고 있습니다

꽃은 어젯밤 발이 저린 듯하여
철사로 묶인 곳을 살살 매만져 이미지 사진을 찍고
아기예수와 성모님 곁에서 잘 잤습니다
송이에서 떨어진 꽃잎들은 작은 컵에 담았지요
공주가 성에서 던질 때 떨어진 것입니다

그녀가 목숨을 던져 성벽을 내려갔듯이
꽃은 나를 만나기 위해
제 발을 자르고 여기 와 주었습니다

마음이 말간 꽃들은
감정을 강요할 줄 몰라요
상대의 감정을 섬세하게 복사할 뿐이지요
어제저녁 당신이 주신 꽃다발은

눈이 마주칠 때마다
사랑스런 미소를 짓고 있습니다
그때마다 제 얼굴이 왜 붉어지는지요

* 스토크(stock 비단향꽃무) : 적대국의 왕자를 사랑한 공주는 성에 갇혀 살았다. 연인이 보고 싶을 때면 성벽 아래로 꽃을 던져 신호 하고, 밧줄을 타고 내려와 만나곤 했다. 어느 날 밧줄이 끊어져 공주가 죽자 신이 이를 가엾게 여겨 스토크 꽃이 되게 하였다. 프랑스에서는 남자가 외도하지 않겠다는 의미로 이 꽃을 모자 속에 넣고 다닌 때도 있었다고 한다.

막연한 슬픔

안개 속에 흐르는 축축한 기타 소리
예고편을 스쳐간 자전거 바퀴 자국
도자기 찻잔에 어린 희미한 실금
이슬비에 무거워진 풀잎의 얼굴

모래 위에 새긴 지키지 못할 약속
떠난 이가 보낸 다정한 문자메시지
절룩이며 노을 속으로 사라지는
떠돌이 개 한 마리
지하철 손잡이에 매달려가는
낯선 남자의 졸음

모창가수에 밀리는 원곡가수의 목소리
재활용품수거함에 담긴 반쯤 찢긴 결혼사진
벨 소리가 말라가는 전화기
창가에 무연히 기대선 요양원 노인의 미소
시집 한 권 남기지 못한 시인의 빈소

차마 부르지 못하는 당신의 이름

영평사 구절초

장군산 허리를
굽이굽이 껴안은 구절초
아홉 마디 찾기는 어려워도
꽃봉오리 익어가네
꽃길을 바지락거리는 할머니 몇
생의 갈피에 저민 이야기들
허기처럼 풀어 놓네
우체국이 없는 저승과
말의 통로가 막힌 이승 사이로
구절구절 풀었다 감아 들이는 말들
보다 못한 영평사 구절초 꽃
제 향기로 도르르 말아
대웅보전 풍경에 걸어두었네
한때 꽃이었던 노인들의 말
아무도 듣지 않아도
열반에 드신 부처님 홀로 듣고
잘 사셨다고 고개 끄덕이네

낡은 벽시계

가진 것은
열두 개의 숫자와 바늘 두 개
째깍째깍 소리죽여 박자 맞춘다
뚜벅뚜벅 걷는 긴 다리는
촘촘히 걷는 짧은 다리를 돌보지 못한다
어쩌다 한자리에 마주쳐도
짧은 해후는 긴 이별로 이어졌다

쉬지 않고 걸어도 매양 제집 안마당
문밖을 모르는 우물 안 개구리가
오지랖은 넓어 명령은 잘도 했다
아침이야 일어나
약속시간 늦어 서둘러
늦었다 어서 자
재촉하는 일로 평생을 살았다

젊어서는 밥만 먹으면 일도 잘하더니
나이 들수록 태만하고
까딱하면 드러누워 파업이 일상이다
누가 말을 걸어도
대답조차 하지 않는다

>

가야할 곳이 어디인지 알고 있지만
경로효친 네 글자로 대접받기만 바라는
고집 센 저 어르신

스마트폰

사서오경 천문지리 동서양의 명언명구
두루두루 꿰뚫는 철학자
작은 손짓 하나에도 파르르 떠는
감수성 짙은 예술가
아름답고 순정적인 매력으로
타인의 시선을 사로잡는 연기자

도서관 영화관 음악회 전시회 경영자
원하는 곳은 어디든 데려다주는 만능도우미
제 맘에 들지 않으면
아무데나 전화해 난처하게 하는 새침데기

언뜻 보면 팔방미인
자세히 보면 형편없는 바보
제 손으로 밥 한 끼 못 먹고
남의 사진은 찍어도 제 모습은 못 찍고
저 혼자는 문밖에도 못 나가는 헛똑똑이
주인의 마음이 바뀌면
언제든 버려져도 항의조차 못하는

높은 지식 좋은 이력 별것도 아닌데
SKY입시학원은 늘 정원 초과
명문대학 문턱만 바라보는 스마트폰 모정들

테트라포드*

나는 최전방 정예부대 소속
파랑이 심한 곳을 지키는 병사
네 개의 다리를 각각의 방향으로 뻗고
찢어진 모습으로 태어났지
파도와 해일 앞에 맨몸을 드러내고
강한 듯 묵묵히 버텨내지
파도는 날마다 나를 공격해
살짝살짝 어루만지듯 철썩철썩 후려치듯
때로는 집채만 한 덩치로 넘쳐오지
그럴 때 속으로 하는 기도는
내 몸을 제물로 받아달라는 것
공격보다 수비로 단련된 몸은
이럴 때 적격이거든
방파제 안의 평화를 지키는 일은
절대 입으로 하는 것이 아니지

세상을 구할 자 오직 자신이라고
뉴스 속의 후보자들 언성 높여도
제 몸을 던져 조국을 지킬 테트라포드
보이지 않는다

* 테트라포드Tetrapod : 파도나 해일을 막기 위해 방파제에 설치하는 콘크리트 블록.

시계조립공에게

가로의 시간과
세로의 시간을 조립하여
함께할 공간을 만들어 주세요

오래된 사랑도 당겨오고
묵은 오해도 풀어주는 당신

수평의 시간 위에
수직의 시간을 조립하여
약속 한번 잡아주세요

백발도 검게 물들이는
새파란 시간이 필요합니다

구름의 목표

낮아지기 위하여 올라가고
낮아지기 위하여 세를 불린다
높은 자리를 탐내지 않아도
스스로 높아지고
세상을 덮을 만큼 강하되
남을 공격하거나 날카롭지 않다
최상의 거처에서도 거만한 적 없다
오는 이는 끌어안지만
가는 이의 뒷덜미를 낚아채지 않는다

늘 부드러운 자세로 움직이는
그의 목표는 오직 하나
서로 손잡고 땅으로 내려오는 것
땅속 깊은 곳에
가장 낮게 자리하는 것

도마

나는 수동형이다
선택도 반항의 자유도 없다
일을 시작하면 허리 한 번 뒤집지 못하고
엎드려서 일을 마쳐야 한다
칼날 아래 등을 대고 얻어맞고 저며지며
남의 생을 잘라낸다
때론 화려한 성과도 낳지만
칭찬은 늘 다른 이의 몫
상처투성이 나의 몸엔
연고 하나 바르지 못하고
일광욕 몇 번이 고작이다

어제 한 사람이 자살했다
아니다 억울하다 하소연했지만
내 위에 올라와 난도질당한 그때부터
이미 정해진 그의 길
그가 목을 맨 나무도 수동형이다
말리고 거부할 자유는 없었다
조의도 표하지 못했다
말없이 임종을 지켜주었을 뿐

모래 메시지의 유효기간

한여름 바닷가 모래밭
흐트러진 흔적들 어수선하다

우리 사랑 영원히 ♡♥
달달한 하트 문양에는 누구도 책임이 없다
파도가 다녀가면 지워질 저 맹세는
짧은 약속을 담고 있다

길게 끌고 간 슬리퍼엔 나른함이
콕콕 파인 지팡이 자국엔 낯가림 같은
무릎의 통증이 남아있다
팔등신으로 홀로 누운 여신의 조각
소멸을 함께 할 사내를 찾는다

아이들이 뛰놀던 까르르한 발자국에
제 발을 가만히 포개보는
짭짤하게 붉은 바람의 얼굴

한 기억 위에 다른 기억이 겹쳐지는
해질녘의 바닷가
모래 메시지의 유효기간은 여섯 시간이다

손바닥 지도

온몸의 지도가
한 인간의 일생이 이곳에 있다
생명선 두뇌선 감정선 운명선
평생을 함께해도 가보지 못한 길
날마다 들여다보아도 알 수 없는
지나온 길도 있다

아가페 에로스의 사랑을 다 지킨다는
검지까지 뻗은 감정선으로
이혼 서류에 도장 쾅쾅 찍어버린 여인
갑부가 된다는 M자 손금의 노인은
어두운 골목에서 파지를 줍는다
수학 여행길에 함께 떠난
소년·소녀의 손바닥에 새겨진
길고 또렷한 생명선

알 수 없는 손바닥 지도에서
자주 보여주는 것 한 가지
고사리 단풍잎 착하고 여린 손이
뼈대가 단단해질수록
온갖 것 긁어모으는
갈퀴손으로 변한다는 것

>

오른손이 하는 일을*
온 세상이 다 알게 하는 것
비단 장갑 끼워 흔들어대는 일

* 오른손이 하는 일을 왼손이 모르게 하라(마태오 복음 6:3절).

낙엽

오
늘
아침
뜰에서
낙엽 한 장 주웠다
나보다 먼저
다녀간 어느
바지런한 벌레가
이곳에 집을 짓던
흔적이 있다
이제 그는 어디론가 떠나고
벌레를 보듬던 나뭇잎은
주인을 놓친 빈집이
되었다
구멍 숭숭 뚫린
빈집
하
나

5부

다랑논의 얼룩말

남해 다랑논의 겨울
눈발 그치자 흑백의 얼룩무늬 선명하다
늘씬한 각선미 날렵한 몸매
재빠른 동작들이 꿈틀꿈틀 깨어난다

저들은 자부심 많은 얼룩말 무리
일 년이나 아이를 품은 암컷은
출산이 임박했음을 알렸다
리더는 힘 좋은 수컷들로 어미를 에워싼
동그란 산실은 마련했다
수많은 눈빛이 그녀를 응원하고
산실 저편으로
맹수들을 유인할 방책도 마련되었다

새끼가 태어나면
흑백무늬를 자랑하는 동족들과 스크럼을 짜고
아프리카 초원을 향해 달려갈 것이다
버둥거리며 간신히 일어선
아기의 맑은 눈동자로부터
첫 번째 럭비경기*가 시작되었다

논두렁에 엎드린 수많은 얼룩말이
감쪽같이 사라질 봄이 오기 전

* 얼룩말의 출산장면이 럭비경기의 유래가 되었다.

잠을 말하다

내 것인데
나는 보지 못하는 것

시간이 지나면 알면서
눈 뜨고는 한 번도 마주친 적 없는 것
때로는 제 안에서 추억을 풀어내고
미래도 보여주는 다정다감한 것

그가 다녀가고 나면
뒤엉킨 생각들 가지런해지고
늘어진 세포들 반짝 일어서는데
목 빼고 기다리다 등만 보기도 하는 것

내 것이면서 나 밖에 있으며
내 안에 있되 나란히 서 본 적 없는
동전의 앞뒷면 같은 사이
서로 부축하며 함께 걷는 밤의 동반자
종종
날카로운 배반을 꿈꾸기도 하는

꽃 그림 계단

산동네 까마득한 계단을
그믐달 같은 할머니가 오르시네
만나는 이 없어도 깊숙이 인사하며
계단마다 피어난
꽃 그림 밟으며 오르시네

죄 없이 고개 숙인 제비꽃
서러운 며느리밑씻개
서리 맞은 들국화
낮에 피는 달맞이꽃
한물간 개불알꽃
허위허위 밟으며 오르시네
꽃물 다 빠진 할머니
꽃노을 계단을 오르시네

멈추거나 돌아서지 못하고
자꾸자꾸 오르시네
천국 문까지 곧장 가시겠네

철길 옆 개망초

쉿, 기차 온다
표정은 부드럽게 맵시는 한들한들
성공의 키워드는 단 두 글자 '위장'
눈빛은 아릿하게
마음은 간절하게
지금부터 우리는 안개꽃

나라를 망하게 한 꽃이란 누명을 쓰고
천덕꾸러기로 살고 있지만
가까운 사람은 행복하게
먼 사람은 가까이 오게 하는 화해의 꽃

동그란 노른자와 정교한 흰자
깔끔한 계란프라이로 손님 접대를 해도
아무도 거들떠보지 않는 건
애초에 붙여진 망국의 이름 때문

오래전 계란꽃으로 개명신청을 했어도
응답이 없어
오늘도 안개꽃으로 위장하여
오가는 눈길을 붙잡고 있는
철길 옆 개망초 흰 물결

탈을 쓴 여자

시화전 개막식이 끝나고
다과회가 시작될 무렵
보랏빛 재킷의 여자 하나
엉거주춤 들어섰네
상석으로 올라간 그녀
허겁지겁 음식을 먹기 시작했네
먹음직한 음식들은 비닐봉지에
슬금슬금 집어넣었네

아는 시인이세요?
서로서로 물었지만
아는 이는 아무도 없었네
접시는 금방 바닥나고
시인의 탈을 쓴 여자는 사라졌네

전시장엔 꽃향기가 넘치고
詩의 전령이 가져간 음식에 대해선
모두 입을 다물었네
우리의 간단한 간식은
그녀의 여러 끼 식사가 됨을
사람들은 알고 있었네

죽순에서 죽창까지

오뉴월 우후죽순
뿔인 척 뾰족뾰족 몸 세우는데
저벅저벅 눈치 빠른 아낙네 손
사정없이 분질러 포댓자루에 담네
하늘을 향해 달리려 준비한 사다리
미처 펴지도 못하고
그만 꺾이고 말았네

디디지 못한 하늘은 아득히 먼데
죽순 속에 살고 있던 바람
아쉬운 푸념만 되풀이하네

열흘만 버텼으면
조밀한 숲 할당된 자리에서
올곧은 정신으로 자라
사군자에 들어가거나
가난한 농부의 손에 들린 죽창 되어
나라를 지킬 수도 있었으련만

와, 와 ~ 대숲을 가로질러 간
바람을 타고
우렁찬 함성이 들려오는데

신문 읽는 야생화

최고의 한파가 몰려온다고
너스레를 떠는 일기예보 속
신문지 몇 장에 의지한 노숙들

살갗이 아려 잠이 오지 않으면
깨알 같은 글씨를 읽고 또 읽는다
오늘 헤드라인 뉴스는
국회 대통령 탄핵소추안 가결

지하철 역사의 한 귀퉁이에
마른풀처럼 구겨져도 박학다식한 야생화
세상을 구할 해법이 많기만 하다

후끈한 오기로 불을 지핀 입술은
들어주는 이 없는 무관심에 타들어 가는데
째깍째깍 뉴스의 시효는 소멸하고 있다

도형의 꿈

끝에 한번 닿아 보는 게
평생소원인 동그라미
동글동글 굴러보고 싶은 사각형
부드러운 인상이 부러운 삼각형

이리 더하고 저리 빼고 나누어
오각형 육각형 사다리꼴 별의별 도형
마침내 완성했다
한 개의 축구공
정오각형 12개 정육각형 20개
그 안에 숨겨진 삼각형 사각형

인스텝 인사이드 아웃사이드 드리블
발리슛 헤딩슛 인스텝 슛
뻥! 드디어 날아갔다
끝에 닿을지 막혀서 굴러 나올지
아무도 모르지만
드디어 이루어진 도형의 꿈
꿈은 꾸는 자의 것이다

연뿌리

이것은 연의 뼈대
한 송이 연꽃이 열반하기까지
비우고 비워낸 깨달음의 동굴
바람 숭숭 드나드는 구멍의 힘으로
뼈를 세운 동그란 집엔
소리들 모여 산다

혹한에 웅크리며 싸안던 무릎의 통증
비바람에 목을 꺾던 꽃망울의 비명
저녁바람의 속삭임 차곡차곡 쌓여있다
그 응축된 소리를 쟁여
아홉 잎 환한 꽃무늬가 되기까지
연의 골다공증은 조용히 계속된다

오늘 길고 동그란 그 집에
해탈한 부처 한 분 찾아오셨다
소리의 가닥 올올이 엮어
가사 장삼 지어 입고
어서 저잣거리로 가자고 하신다

늙은 타이어의 생각

실업자가 되긴 싫었어
선택할 직업군은 단순했지
큰 곳 작은 곳
비싼 것 싼 것
이력서에는 여러 가지가 기록됐지만
사진은 대표모델 혼자 찍었지
합격 후 곧장 업무에 투입되어 열심히 일했어
휴가 한번 내지 못해도 불평하지 않았지
알고 선택한 직업이었지만
불만도 자주 생겼어
길가에 방치된 못들 예상치 않은 웅덩이
작은 동물들을 치거나 깔아뭉개고
사람을 쓰러뜨리고도 모른 척 달아난 일
하지만 잘난 척 혼자 튈 수는 없었어
엔진과 핸들 또 액셀과 늘 협조해야 했거든
때론 브레이크가 제동을 걸었지만
그건 아주 잠깐일 뿐이야

사람들은 말하지
나는 바퀴를 보면 굴리고 싶다*
바퀴를 보면 세우고 싶다**
그런데 나는 바퀴에서 벗어나고 싶어

속도를 버리고 싶다고
지문은 점점 닳아 쉽게 미끄러지고
탱탱했던 탄력도 빠져나간 지 오래야
구르거나 서 있기보다 누워있고 싶어
휘어지고 가파른 길에 완충장치가 되거나
낯선 길가에 버려진 들꽃 화분으로
조용히 살고 싶어
이젠

* 황동규의 시.
** 최민자의 수필, 반칠환의 시 제목.

어떤 장례식

기와지붕을 뚫고 치솟아 오른
통곡 한 마당
스물여덟 숙자엄마 소리의 한복판을 가르고
이승의 옆구리를 걷어찼네
뾰족구두 파마머리 간들간들 고운 매무새
사내들 마음을 휘어잡고
여인들의 눈총에 만신창이 되던
단아한 웃음도 사라졌네

때론 중늙은이들에 머리채를 잡히고
점잖은 마나님 앞에 꿇어앉아 훈계를 듣고
피맺히게 종아리를 맞던 오기도 떠나갔네

한 번도 남의 눈에 띄지 않던 그 남자
한달음에 달려와 식은 몸뚱이를 끌어안았네
이틀이나 입관이 미루어져도
그들의 결속 떼어내지 못했네

손 한번 잡아보기 소원이던 마을 남정네들
상두꾼 되어 어깨에 그녀를 떠메고
어허 어하여, 어허 어하야
눈에 불 켜고 남편 단속하던 아낙네들

옷고름으로 눈물 찍어내며 뒤를 따라갔네

아비가 애매하다는 세 살 숙자
이 사람 저 사람 품에 안겨 방긋거리던
그해 초봄
큰 기와집 숙자엄마 장례식

복숭아의 슬픔

제 몸에 우물이 있음을
촉이 틀 때 이미 눈치 챘다
꽃잎이 열릴 때 알고 있었다
눈물이 가득 차 손끝으로도 울고
정이 많아 끈적이며 달라붙는 심성

꽃 뒤편에 묶어두고 온 이름이 아파
말랑하게 촉촉한 입술 슬그머니 거두고
먼 하늘에 시선을 돌리는 것은
왠지 민망하고 부끄럽기 때문

발그레 곱고 맵시가 좋아도
제사상에 오르지 못함은
복숭아나무에 맞아 죽은 영웅 예羿*의 한
귀한 음식을 혼자 먹은 항아의 죄
절대 너의 잘못은 아니다

조상의 죄 아닌 죄를 감추려
보송보송한 솜털로 위장해도
몸에 쟁인 슬픔이 터져
깎는 칼날에 눈물이 묻어나온다
날마다

한 소쿠리의 슬픔을 거둬들이면서도
제 마음을 들키지 않는
씨를 품은 어미다

* 동양 신화 속 명궁. 아내 항아에게 배반당하고, 죽은 후 귀신의 우두머리가 되었다. 복숭아나무에 맞아 죽은 그가 제일 두려워하는 것이 복숭아라 제사상에 올리지 않는다.

사진 한 장

감나무 아래
허름한 슬레이트 지붕
그 위에 털신 한 켤레
비바람에 젖었다 마르기 수십 번
나들이 가자고 발 들일 주인은
오래전 기척을 끊었다

불빛의 기억이 까마득한 창문 밖
빈 빨랫줄에 매달린 집게 몇 개
간간이 바람의 옷깃을 잡고 물어도
안부는 오리무중이다

어깨가 반쯤 기울어진 기와집을
눈 부릅뜨고 지키는 감나무 한 그루
주인이 나이테를 거두고
먼 곳으로 주소를 이전할 때
함께 따라가지 못함을 자책하며
홀로 빈집을 지키고 있다

개량종 모과

과일가게 망신 모과가 시킨다는
눈총이 따가워
인물 한번 바꿔 보았지
성형외과 정형외과 피부과를 거쳐
맵시 고운 사과 빛깔 좋은 참외를 닮은
매끄럽고 우아한 모습으로 다시 태어났지

얼굴이 제법 출중해
물놀이 들놀이에 일 순위로 뽑혀가고
제사상 앞줄에도 버젓이 앉아
큰절도 받으려니 기대했었지

누가 알았나
사과도 아닌 것이 참외도 아닌 것이
향기마저 없어진 천박한 것이
어디다 발을 넣느냐고 구박덩이 될 줄

그때는 몰랐지
모습이 바뀔 때마다
가슴의 향기 살금살금 빠져나간 것을
울퉁불퉁 못생겼어도
오래 향기롭다던 사랑의 말을

주객이 전도되다

말은 자결하지 않는다

날마다 뿌린 말의 씨앗
영토를 넓히고 세력을 키운다

언젠가 부메랑으로 돌아와
허연 이빨 드러내고
달려들 것이다

독한 말은 죽지 않는다
저를 낳은 어미를
물어뜯을 뿐

나는,

이승을 관광하는 여행자

병상에 누워도 보고
꽃길을 걸어보는 체험학습자

곧거나 구부러진 길
오르막과 내리막을 걷고 달리며
심장박동을 체크하는 간호사

어제 핀 꽃들의
낙화를 장담하는 운명론자
많은 것을 움켜쥐고 있어도
끝까지 남을 것은 갖지 못한 빈털터리

날마다 길을 찾아도
눈앞의 길은 보지 못하는 청맹과니
옳다고 믿었던 길은 발밑이 절벽이었다

나는 나다
나는 너다
너는 나다
나는 우리다 너희다 그들이다
각기 다른 하나다

해설

삶의 비밀을 보는 밝은 눈

양애경 시인

삶의 비밀을 보는 밝은 눈

양애경[1] 시인

같은 대전에 사는 인연으로 권예자 시인을 문학 모임에서 두어 번 뵌 적이 있다. 단아하면서도 씩씩해 보이는 선배시구나 생각하면서도 가깝게 모시고 이야기할 기회가 없어 아쉬웠는데, 마침 이런 기회가 왔다. 애지의 반경환주간님이 원고를 보내시면서 작품이 너무 좋다고 하셨는데, 읽어보니 과연 그렇다.

사람은 누구나 마음 속에 하고픈 말들과 이야기를 담고 살지만, 때로 다른 이들보다 훨씬 더 많은 이야기와 풍부한 노래를 품은 분들이 있다. 권예자 시인도 그런 분이다. 권예자 시인은 대전에서 태어났으며 국가공무원으로 평생을 복무한 후에 본격적인 문학활동을 시작하였다. 2002년에 수필로 등단하여『내 안의 피에타』등의 수필집을 엮어냈고, 원종린수필문학상 등 다수의 상

1) 1982년《중앙일보》신춘문예 시 당선—전 한국영상대학교 교수.

을 수상하였다. 시로는 2004년에 『문학저널』로 등단하였는데, 제1시집 『숲이 나를 보고』와 제2시집 『비밀 일기장』을 상재하였으며, 이번이 세 번째 시집이다. 사회적인 책임을 다하느라 오래 기다렸던 문학에 대한 열정을 많은 작품들로 뿜어내신 것 같다.

권예자 시인은 예리하고 따스하고 젊은 감각, 어찌 보면 약간 이율배반적인 모습들을 함께 가지고 있다. 거듭하여 작품을 읽으면서, 사회의 부조리를 피상적으로 보고 넘기지 않는 예리한 시각, 그러면서도 진부하지 않고 해방된 윤리관, 사람에 대한 따스한 연민, 삶의 비밀스러운 의미에 대한 통찰이 권예자 시인의 시의 특질임을 알 수 있었다. 특히, 어찌나 맛깔스럽게 시 속에 이야기를 엮어내었는지, 역시 이분은 '이야기꾼'이라는 생각을 하게 되었다.

이 글에서는 1. 그 이름 여자, 2. 사람에 대한 연민, 3. 삶의 비밀을 보다의 3항목으로 나누어 권예자 시인의 제3시집 『가문비나무 기록장』의 의미들을 짚어보기로 한다.

1. 그 이름 여자

여자도 남자도 한 세상 살기에 각기 어려움이 있기 마련이겠지만, 유독 여자에게 행실에 대한 간섭과 제재가 많은 것은 부인할 수 없는 사실이다. 남자는 많은 여인을 유혹할수록 능력 있고 매력 있는 남자로 치부되기도 하지만, 여자는 여러 남자에게 매력을 풍기면 행실 나쁜 여자일 뿐이다. 남자에게는 사냥본능이 인정되며, 여자에겐 철벽방어만이 무난하다. 방어에 실패하여 남자의 유혹에 넘어간 여자는 '쉬운 여자'라는 멸시를 받으며, 철벽방어에 성공한 여자는 매력 없는 여자로 배척된다. (얼마나 불공평한가!) 권예자 시인은 이러한 남자와 여자의 관계에 도사린 불공평함을 날카롭게 꿰뚫어 본다.

시 「어떤 장례식」에서 시인은 동네의 문제아였던 한 여인의 삶에 대해 말한다.

> 기와지붕을 뚫고 치솟아 오른
> 통곡 한 마당
> 스물여덟 숙자엄마 소리의 한복판을 가르고
> 이승의 옆구리를 걷어찼네
> 뾰족구두 파마머리 간들간들 고운 매무새
> 사내들 마음을 휘어잡고
> 여인들의 눈총에 만신창이 되던
> 단아한 웃음도 사라졌네
>
> 때론 중늙은이들에 머리채를 잡히고
> 점잖은 마나님 앞에 꿇어앉아 훈계를 듣고
> 피맺히게 종아리를 맞던 오기도 떠나갔네
>
> 한 번도 남의 눈에 띄지 않던 그 남자
> 한달음에 달려와 식은 몸뚱이를 끌어안았네
> 이틀이나 입관이 미루어져도
> 그들의 결속 떼어내지 못했네

손 한번 잡아보기 소원이던 마을 남정네들
상두꾼 되어 어깨에 그녀를 떠메고
어허 어하여, 어허 어하야
눈에 불 켜고 남편 단속하던 아낙네들
옷고름으로 눈물 찍어내며 뒤 따라갔네

아비가 애매하다는 세 살 숙자
이사람 저사람 품에 안겨 방긋거리던
그해 초봄
큰 기와집 숙자엄마 장례식

—「어떤 장례식」 전문

이 시에서 '숙자엄마'의 죽음은 많은 궁금증을 낳는다. 28세의 나이에 아비가 누군지 모르는 3살 딸이 있고, 유행에 따른 옷차림과 고운 매무새로 온 동네 남자들의 마음을 뒤흔들었으며 따라서 마을 여인네들의 공적公敵이 된 그녀는 왜 갑작스러운 죽음을 맞이하였을까? 남자들의 욕망의 표적이 되었으며 보수적 질서의 질책에 시달리던 그녀의 진짜 마음은 무엇이었을까? 특히, 그녀와 스캔들조차 나지 않았지만 그녀의 주검을 붙들고 이틀이나 놓지 않았던 남자의 정체는 무엇일까? 그리고 그렇게도 그녀를 욕하던 마을 여인네들은 왜 눈물을 흘리며 상여를 따라간 걸까? 숙자의 아비는 누구일까? 시인은 해답을 가르쳐 주지 않는다. 독자의 판단과 상상에 맡길 뿐이다.

사실 시인이 이 시에서 하고자 하는 말은 미스테리에 대한 정답이 아닐 것이다. 그것은 숙자엄마로 대변되는, 남자의 보호 아래 있지 않은 매력적인 젊은 여자에 대한 세상의 판단이 얼마나 가볍고 진부한 윤리의식에 빠져 있는가에 대한 환기이다. 여자를 정숙하고 보호받아 마땅한 여인과 천하고 음란한 여인으로 나누는 이분법二分法에 대한 비판이기도 하다. 여자를 조강지처 감과 노리개로 구분하여 대하는 것이 남성 위주 가부장 사회의 태도이기 때문이다.

여자에 대한 이러한 이분법은 자주 여자들을 매우 괴롭힌다. 시 「요양병원의 파문」은 요양병원의 요양사 여인을 그렸다. 몸을 쓰지 못하고 정신도 아물거리는 노인들을 짜증도 내지 않고 먹이고 입히고 씻기는 천사 같은 여인이다. 당연히 주변의 칭송을 받는다. 그런 그녀에게 위기가 닥쳐온다.

불혹에 혼자되어
어린 남매 키우며
궂은일 가리지 않는 꼿꼿한 그녀에게
슬금슬금 찾아든 털북숭이 손들

앞에서 웃어주고 뒤에서 꼬집으며
말이 말을 낳기 여러 번
음흉한 말끝이 파문波紋을 일으켜
파문破門 당하고만 그녀
병원 문을 나서며

웃었으면 꼬집지 말든지
밟으려면 손이나 내밀지 말든지
—「요양병원의 파문」 부분

불혹 나이에 남편을 잃고 아이들 양육을 위해 힘들게 일하고 있는 그녀에게 뒷말이 수런거리기 시작하자, 삽시간에 분위기가 바뀐다. 인정받던 천사 같은 요양사가 소문의 주인공이 된 것이다. “웃었으면 꼬집지 말든지/밟으려면 손이나 내밀지 말든지”라는 씁쓸한 독백은 여자에게 유혹에 넘어올 것과 스스로를 방어할 것을 동시에 요구하는 ‘내로남불-내가 하면 로맨스 남이 하면 불륜-’의 사회를 꼬집는 말이다. 결국 억울하게 식장을 그만두게 되는 불운을 맞게 된다. 이런 처지에 놓이는 홀로 된 여자가 결코 적지 않을 듯하다.

그녀는 서늘한 저녁을 피해
사막의 정오 땡볕 아래 물 길러 갔지
여섯 남자를 거쳐서도
제 남자를 갖지 못한 그녀는
사람들 눈이 두려웠거든
얼굴을 가리고 작은 물동이를 이고
주춤주춤 우물가로 갔지
거기 눈 깊은 남자가 말을 걸었네
나에게 마실 물 좀 다오
서로의 물을 나누어 마신 후
그녀는 종종 무대의 주인공이 되었지

상대역이 누구인지 알 만한 사람은 다 안다네
일곱 번째 그 남자는
그녀의 유일한 남편이 됐거든

수돗물 콸콸 틀어 물 쓰는 여인들
샘물이 귀한 것 눈치도 못 채지
좋은 남편이 꼭 필요한 것도 모르지
부끄러워 얼굴을 가릴 줄도
때를 가늠할 줄도 모르지
낯선 이에게 물을 나누어 줄 생각은
아예 하지도 않지
여기저기 보이는 사마리아 여인들을
손가락 쑥 내밀어 찌르기는 잘하지
거침없이 돌팔매질도 하지
우물이 돌멩이로 가득 차 막혀버릴 때까지
—「그 여자의 샘물」 전문

시 「그 여자의 샘물」은 권예자 시인의 여성관을 가장 잘 보여주는 작품이라고 생각된다. 여기에는 사막에 사는 한 여인이 주인공으로 등장한다. 다른 여인들은 서늘한 시간에 물을 길러 공동 우물에 가지만, 그녀는 땡볕에 물을 길러 간다. 구박과 학대를 피해서다. 그녀가 마을의 구박데기인 것은 6명의 남자에게 버림받았기 때문이다. 우물에서 만난 일곱 번째 남자에게 물을 나누어 준 후 그녀는 드디어 그의 정식 아내가 된다. 눈 깊은 그 남자와 운이 나빴던 겸손한 그녀가 함께 행복하기를!

시 속의 이야기는 해피엔딩이지만 씁쓰레함은 남는다. 사실 비난받아야 할 대상은 그녀를 노리개로 대우하고 버린 6명의 남자가 아니었을까. 여자의 삶이 남자에게 전적으로 행·불행이 달려 있는 것도 마음에 들지 않는데, 이것은 시대의 한계이리라. 시 후반부에서 시인은 현대의 여인들을 제시한다. 시대가 바뀌어 집집마다 설치된 수돗물을 편리하게 쓰게 되었지만, 여전히 어려운 처지에 처한-사마리아-여자들에게 비난을 일삼는 사람들이 있다는 것이다. 이 시에서 시인은 여자들끼리의 이해와 연민이 있어야만 공동체의 파괴를 막을 수 있다고 말하고 싶은 것 같다.

시 「오류리 등나무」는 천연기념물인 오류리 등나무에 얽힌 전설을 시화한 것이다. 신라 오류마을에 살던 어여쁜 두 자매가 옆집 총각을 동시에 사랑하였고, 그 총각이 전장에 나가 전사하였다는 소식을 듣고 연못에 몸을 던졌는데, 그 자리에 네 그루의 등나무가 돋아났다. 이후 그 총각이 화랑이 되어 돌아와 자매의 죽음을 듣고는 같은 연못에 몸을 던져 죽었는데, 이후에 팽나무가 되었다는 것이다. 지금도 네 그루의 등나무와 한 그루의 팽나무가 얽혀 있는 모습을 시인은 이렇게 묘사한다.

> 천 년이 지나도 등나무들은 팽나무를 끌어안고 사무친 사랑을 고백해요. 오월이면 휘고 굽은 줄기마다 간절한 연서를 적어 두어요. 절절한 마음의 편지 잘 읽어보라며, 주렁주렁 보랏빛 등불도 환하게 밝혀놓아요.
>
> 보는 이들은 속도 모르고 팽나무가 등꽃을 피운다고 말하

네요. 겨울엔 팽나무를 싸고도는 등나무의 모습이 끔찍해서, 얼키설키 휘감긴 몸을 억지로 떼어 지지대에 얹어줘도 등나무는 자꾸 팽나무에만 손을 내민답니다.

> 사람들은 알까요?
> 두 여자 사이에 서 있는
> 한 남자의 마음을
> —「오류리 등나무」 부분

흐드러진 등나무의 보랏빛 꽃처럼 처절하리만큼 아름다운 옛 사랑 이야기이지만, 보는 사람들의 마음은 약간 착잡해질 수 있다. '두 여자 사이에 서 있는 한 남자의 마음'을 어떻게 해석해야 할지 애매하기 때문이다. 그는 두 여인을 똑같이 사랑했을까? 그들이 오해로 인해 죽음을 맞이한 것은 안타깝지만, 만약 세 사람이 죽지 않고 살아서 만났다면 과연 아름다운 이야기로 마감될 수 있었을까? 한낱 전설로도 착잡해져서 곰곰이 생각에 잠겨야 할 만큼, 우리는 편협한 윤리관의 간섭을 받으며 산다.

여성 간의 연대, 어려운 처지에 처한 여성에 대한 이해와 연민, 그를 위해 약간의 윤리적 문제는 뛰어넘을 수 있는 포용력, 이것이 권예자 시인의 시에서 읽어낼 수 있는 여성관이라고 할 수 있다.

2. 사람에 대한 연민

버려진다는 것은 슬프다. 한때는 전성기를 누렸으나

이제는 세월에 밀려버린 것들. 물건도 그럴진대 사람이 버려진다는 것은 얼마나 슬픈 일인가. 시「생각하는 TV」에서 권예자 시인은 버려진 아날로그 TV와 요양원의 노인을 대비시킨다.

요양원 창문에 기댄 백발의 노인
배롱나무 아래 버려진
뚱뚱한 아날로그 TV를 보고 있다
드라마 주몽 전원일기 태조 왕건
종합 4위 88올림픽 4강의 신화 2002월드컵이
꺼멓게 녹슨 뇌관을 비집고 빠져나온다
주름 사이로 보이는 희미한 미소
그의 시간은 여전히 아날로그다

쓸만하지만 버려지는 것들이
생의 꼬리를 잡고 매달리는데
늘 바쁜 아들 외국에 영주권을 얻은 딸이
혹여 데리러 올까
기다리고 또 기다려도
성공한 자식들에게 노인의 자리는 없다

붉음이 끝난 걸 눈치챈 건 입원하던 날
물기 없는 손을 어루만지며 시선을 외면하던
자식들의 곡진한 한마디
건강이 회복되면 꼭 데리러 온다고

화무십일홍을 모르는 백일홍이
여러 번 피고 진 병원 꽃밭 사이로
버림과 버려짐을 구별하지 못하는
낡은 TV와 노인의 희미한 동공이
오래오래 눈 맞추고 있다

—「생각하는 TV」 전문

주변에서 성공한 자식보다 성공하지 못한 자식이 부모를 끝까지 모시고 사는 모습을 종종 보곤 한다. 열심히 살며 교육에 매진하여, 서울로 가서 성공한 자식과 외국으로 이민 간 자식을 둔 노인들은 오히려 자식들과 떨어져 사는 까닭이다. 이 시의 노인도 성공한 자식들을 두었고, '건강이 회복되면 꼭 데리러 온다'는 약속 하에 요양원에 오게 되었다. 그러나, 한번 요양원에 들어온 노인이 가정으로 돌아가는 일은 여간해서 일어나지 않는다 한다. 다시 데리러 온다는 것은 선의의 거짓말인 셈이다. 요양원이나 요양병원에 가보면, 사람이 나이 들며 치매를 앓게 되는 것이 다행스러운 점도 있다는 생각이 든다. 신체적인 자유를 잃고 정신적 자유도 유지하기 어려울 때, 정신이 계속 멀쩡한 것은 행운이 아닐 수도 있기 때문이다. 그럴 만큼 나이 들고 세상에서 버려진다는 것은 두려운 일이다.

요양원이 아니어도 노년의 삶은 녹록치 않다. 시「노선을 변경하다」에는 질병으로 목뼈가 휘어진 노인을 다룬다. 그는 천사호—아마도 아파트 1004호—에 살았다. 아내는 아직 화려하게 나이든 모습을 유지하고 있는데,

그는 병들어 고개가 구십 도로 휘어져 있다. 구부러진 남편이 창피한 아내는 함께 사람들 눈에 띄려 하지 않는다. 그는 15년 간이나 지팡이를 짚고 홀로 복지관을 오가며 쓸쓸하게 살았다. 그러다가 어느 날 밤 잠자리에서 생을 마감한다.

영정사진 속 사슴 같은 얼굴이
남은 자에게 위안을 주었지만
아파트 문상객들 자꾸 고개 저었네

한 생을 부부로 살아왔으나
굽은 목뼈를 곧게 펴고 나서야
고운 아내의 남편으로 돌아와
천국 계단을 오르는 천사 호 그 남자

—「노선을 변경하다」 부분

함께 살아도 아내의 마음에서 멀어진 시 속의 남자는 버려진 지 오래였다. 장례식에서야 그는 다시 시선의 중심이 된다. 영정사진 속의 그는 목이 비뚤어지기 전의 온전한 모습이다. 그리고 조문객을 맞는 아내는 다시 젊었을 때의 고운 그의 아내의 모습으로 돌아간다. 하지만 그를 곁에서 오래 봐왔던 문상객들은 그가 겪었던 소외와 외로움을 알고 있다. 그래서 자꾸 고개를 젓는다. 인간적인 연민과 회한 때문이다. 이 작품을 보면, 백년해로가 늘 행복을 보장하는 것은 아니라는 사실을 알게 된다.

권예자 시인은 다양한 사회적인 문제에 천착한다. 혼

자 사는 사람의 고독사—시 「고독사」, 「녹슨 동행」의 경우—라든가, 갑이 을에게 행하는 권력형 학대—시 「분재 연구논문」의 인분교수 사건—라든가, 앞 장에서 다룬 여성문제라든가가 그러하다. 그리고 그 중에서도 노년과 죽음에 대한 문제에 많은 지면을 할애한다.

시 「죽은 자의 랩」 속의 화자는 매사에 불평이 많은 사람이었다. 자동차를 몰고 나간 길에서는 새치기 운전자 때문에, TV를 시청할 때는 이런저런 비리와 이기적인 이익집단들 때문에, 사는 아파트에서는 무례한 이웃들 때문에 불만이 많았었다. 그런데, 갑자기 상황이 변한다.

소음 같던 음악 채널도 잠잠하다
음표는 소리를 잃고 허공을 떠다니고
말춤 막춤 스포츠댄스도 구성되지 않았다
앞동 뒷동에도 사람 하나 어른거리지 않는다
아니꼽고 메스껍던 그들은 사라졌다

드디어 찾아온 내가 꿈꾸던 세상
그런데 무섭다
흑백의 침묵이 무. 섭. 다.
나는 이미 금지된 선을 넘은 것인가
내 몸이 만져지지 않는다
—「죽은 자의 랩」 부분

경쟁이 없고 소음과 간섭이 없는 세상. 그가 꿈꾸던 세상이다. 그런데 이상스럽게도 그는 만족스럽지 않다. 무섭기까지 하다. 색깔도 없고 소리도 없는 국면에 놓인 것이다. 그는 이제서야 자신이 산자의 세상에서 떠나왔다는 것을 깨닫는다. 사실, 경쟁과 악다구니는 산자만의 것이다. 어쩌면 불만스러운 현실은, 살아있다는 충만한 행복을 위하여 지불해야 할 얼마간의 세금 같은 것이라고 시인은 말하고 싶은 것 같다. 그렇게 생각을 바꾼다면, 삶의 불만은 훨씬 줄어들 것이다.

시 「등이 꺼지다」는 한 가난한 어머니의 죽음에 바치는 헌사다. 화자는 딸이다. 이 작품에는 '조등弔燈'과 오랜 노동으로 '굽어진 어미니의 등'이 동음이의어인 '등'으로 표기된다.

엄마 엄마 불쌍한 우리 엄마
이제는 등 쫙 펴고 사세요
절대 굽실거리지 마세요
목숨 줄 놓은 어미에게
저승 가서는 잘 살라는 딸

빈 박스를 줍고 엎드려 기도하며
날마다 겸손을 퍼 나르느라
일생 펴 본 적 없는 깊게 휘어진 등

그 등에 업혀 자라고
기대어 책을 읽으며
함께했던 많은 날이

함몰되는 작별의 시간

한 개의 등이 꺼질 때
휘어졌던 그림자들 일시에 무너지듯
어둠이 왔다
바코드 하나 보이지 않았다

꺼진 것이 어느 등인지 알 수 없는
등과 등 사이로 떠나가는 영구차
—「등이 꺼지다」 전문

내 어머니가 아니어도, 박스를 가득 싣고 굽은 허리로 수레를 끌고 가는 노인을 보면 너무나 마음이 아프다. 자신의 어머니라면 얼마나 더 애통할까. 자식을 키우기 위해 남들 앞에 고개를 숙이고 등을 구부렸을 부모. 그 등에 업혀 자라고 그 등에 기대 책을 읽었을 아이들. 죽음의 순간에야 그 힘겨운 삶을 접을 수 있는 사람들에게 바치는, 슬프고 따스하고 아름다운 노래다.

시인의 사람에 대한 애정이 잘 나타나는 또 한 편의 시는 「탈을 쓴 여자」다. 대전 문학행사에서 가끔 목격하는 풍경으로 필자도 본 적이 있는데, 권예자 시인은 다음과 같이 썼다.

시화전 개막식이 끝나고
다과회가 시작될 무렵
보랏빛 재킷의 여자 하나

엉거주춤 들어섰네
상석으로 올라간 그녀
허겁지겁 음식을 먹기 시작했네
먹음직한 음식들은 비닐봉지에
슬금슬금 집어넣었네

아는 시인이세요?
서로서로 물었지만
아는 이는 아무도 없었네
접시는 금방 바닥나고
시인의 탈을 쓴 여자는 사라졌네
—「탈을 쓴 여자」 부분

시화전 막간에 간단히 집어먹을 수 있게 마련되는 다과는 원래 양이 많지 않다. 김밥이나 과자에 과일 몇 조각이 보통이다. 오랜만에 모인 사람들이 얼굴을 마주보며 대화를 섞어 음료수 한 잔에 두어 쪽 집어먹으면 끝이다. 그런데 널름널름 비닐봉투에까지 옮겨 담다니! 음식 접시는 닭 쫓던 개 지붕 쳐다보는 식으로 허무하게 비워지고 만다. '아는 시인이세요?'라고 서로 묻지만 아무도 그녀를 알아보는 사람은 없고, 접시가 비자마자 그녀도 어딘가로 사라지고 만다. '시인의 탈을 쓴 여자의 약탈'이다. 웃음이 나온다. 음식 흔한 세상에, 하필 가난한 시인 · 작가의 모임에 음식을 털러 오다니!

전시장엔 꽃향기가 넘치고

詩의 전령이 가져간 음식에 대해선
모두 입을 다물었네
우리의 간단한 간식은
그녀의 여러 끼 식사가 됨을
사람들은 알고 있었네
—「탈을 쓴 여자」 부분

시인은 이 일을 이렇게 해석했다. 우리는 '詩의 전령'에게 음식을 조공한 것이라고. 또한 우리에겐 간식일 뿐이지만 그녀에겐 여러 끼의 식사가 될 것이라고. 그래서인지 그녀를 잡으러 나서거나, 화를 내는 사람은 보이지 않는다. 그녀가 사회적 약자이기 때문이리라. 시인 · 작가들이 이렇게 악착스럽지 않은 사람들이란 걸 알기에 단골로 그녀가 문학행사의 음식을 약탈하는 것일 수도 있겠다.

이처럼, 약한 사람, 사라져 가는 것, 추억 속의 물건, 안타까운 인연, 힘겨운 이웃에 대한 애정 같은 것들을 시인은 시 「막연한 슬픔」에서 노래처럼 풀어놓는다.

안개 속에 흐르는 축축한 기타 소리
예고편을 스쳐간 자전거 바퀴 자국
도자기 찻잔에 어린 희미한 실금
이슬비에 무거워진 풀잎의 얼굴

모래 위에 새긴 지키지 못할 약속
떠난 이가 보낸 다정한 문자메시지

절룩이며 노을 속으로 사라지는
떠돌이 개 한 마리
지하철 손잡이에 매달려가는
낯선 남자의 졸음

모창가수에 밀리는 원곡가수의 목소리
재활용품수거함에 담긴 반쯤 찢긴 결혼사진
벨 소리가 말라가는 전화기
창가에 무연히 기대선 요양원 노인의 미소
시집 한 권 남기지 못한 시인의 빈소

차마 부르지 못하는 당신의 이름
—「막연한 슬픔」 전문

이 시를 읽으면 윤동주의 「序詩」가 생각난다. 결백하면서도 늘 부끄러움을 느꼈고, '별을 노래하는 마음으로 모든 죽어가는 것들을 사랑하겠다'고 다짐하던 그 죄 없는 청년처럼, 권예자 시인의 시 「막연한 슬픔」에서는 짧은 시간을 살고 사라져가는 생명들의 소외, 단절, 고독, 좌절에 대한 시인의 깊은 이해와 애정이 읽힌다.

3. 삶의 비밀을 보다

시는 영감靈感에서 태어난다. 오래 전부터 사람들은 세상을 하늘과 땅으로 나누어 생각했고, 신과 인간 사이를 매개하는 존재가 있다고 믿었다. 그 존재는 예수나 부처 같은 성인, 선지자, 신령한 무당이기도 하였지만, 시인이기도 했다. 권예자 시인은 삶의 비밀을 꿰뚫어 보고, 그것을 들려준다.

예를 들어 시 「주객이 전도되다」는 '말'을 경계한다. SNS나 언론을 통해 걸러지지 않은 추문을 부풀려 전파하거나, 독설로 사람을 해치는 일들이 얼마나 많은가. 평생 쌓아올린 좋은 평판을 하루아침에 파괴하고 그의 사회적 입지와 관계를 파멸시키는 말들은 또 얼마나 많은가. 시인은 이렇게 노래한다.

> 독한 말은 죽지 않는다
> 저를 낳은 어미를
> 물어뜯을 뿐
> ―「주객이 전도하다」 부분

남을 해치려고 내뱉은 말이 시간이 지나면 결국은 자기 꼬리를 물어뜯는 뱀처럼, 말한 사람 자신을 해칠 것이라고 이 시는 말한다. 곱씹을수록 무서운 말이다. 그리고 진실이기도 하다.

이와는 반대로 영원히 지속되는 것은 없고, 그 시간은 생각보다 짧을 것이라는 예언과 같은 노래도 있다. 시 「모래 메시지의 유효기간」은 바닷가 모래 위에 새겨진 연인들의 사랑의 맹세를 제시하며 다음과 같은 결말을 짓는다.

> 한 기억 위에 다른 기억이 겹쳐지는

해질녘의 바닷가
모래 메시지의 유효기간은 여섯 시간이다
—「모래 메시지의 유효기간」 부분

관광지 바닷가의 백사장은 사람들이 자신의 소원과 추억을 새기고, 바닷물과 바닷바람에 그것을 지우는 곳이기도 하다. 사랑이 영원하라고 새긴 연인의 맹세는 6시간이면 지워진다. 수많은 사람들의 소원과 망각이 번갈아 드나드는 모래밭. 허무하지만, 자연스러운 일이기도 하다. 탄생과 소멸이 번갈아 진행되는 것이 자연의 이치이기 때문이다.

그리하여, 이 시집에서 가장 아름답고 슬픈 시 「꽃 그림 계단」에 이르게 된다.

산동네 까마득한 계단을
그믐달 같은 할머니가 오르시네
만나는 이 없어도 깊숙이 인사하며
계단마다 피어난
꽃 그림 밟으며 오르시네

죄 없이 고개 숙인 제비꽃
서러운 며느리밑씻개
서리 맞은 들국화
낮에 피는 달맞이꽃
한물간 개불알꽃
허위허위 밟으며 오르시네

꽃물 다 빠진 할머니
꽃노을 계단을 오르시네

멈추거나 돌아서지 못하고
자꾸자꾸 오르시네
천국 문까지 곧장 가시겠네
—「꽃 그림 계단」 전문

기시감既視感이라는 말이 있다. 처음 보는데도 어디선가 본 듯한 친숙한 느낌. 이 시의 느낌이 그렇다. 산동네 까마득한 계단을 자그마한 할머니 한 분이 오르신다. 고개와 허리가 깊숙이 숙여져 있다. 할머니 지나시는 길 옆, 야생화들이 할머니를 영접하는 듯 흐드러지게 피어 있다. 곱디고운 젊은 날을 지나, 수많은 삶의 괴로움을 겪어내 '꽃물이 다 빠진' 할머니는 노을이 물든 계단을 오르신다. 자꾸자꾸 오르신다. 저 노을이 끝나는 곳까지 오르면 다시는 돌아오지 않을 것 같은 건 왜일까? 그저 저녁 무렵 계단을 오르는 할머니의 뒷모습을 보았을 뿐인데, 삶과 죽음에 대한 장편 서사시 한 편을 본 듯 마음이 아리다.

마지막으로 권예자 시인의 인생을 대하는 태도와 시의 근원을 대변하는 작품을 들고 싶다. 시 「가문비나무 기록장」이다.

알고 보면 이건 손바닥만 한 소우주
원시림처럼 빽빽한 길 사이

공간을 찾아 행성을 타고 드나들지
하늘을 날아다니고 물밑을 헤엄치지
사람들은 페이지를 넘기다가
어느 행성의 정거장에 내리곤 하지
내가 모르는 지름길
만나지 못한 사람들이 거기 있네
신선한 말들은 금방 가슴을 적시기 마련

어떤 활자들은 병든 벌레 같아
죽은 나무 향기에 까맣게 몰려든 불청객
그럴 땐 책장을 덮어버리면 그만

이 세상을 한 권으로 압축할 수도 있지
이 우주까지도
하늘을 안다고
산을 안다고 말하지만
따지고 보면 세상은 다 복사판이야
하늘 아래 새로운 것은 하나도 없지

쉿, 조용히 해
여기, 누군가 들어와 있네
이 나무숲이 조심조심 흔들리는 동안
하나의 동그라미가 그려지고
그가 안으로 들어왔어
소리 없이 활자를 삼키고 있어
천천히

—「가문비나무 기록장」 전문

숲이다. 가문비나무가 있다. 한 그루의 가문비나무 속에 우주가 있고, 한 권의 기록장이 있다. 그 안에 새겨진 활자들은 그것을 읽을 수 있는 사람들에게 전 우주의 비밀을 보여준다. 거대하고 위대한 것들과 미세하고 보잘것 없는 것들의 경계를 허물고 하나로 합칠 수 있는 동력은, 시인의 나이를 뛰어넘는 호기심, 천진성, 그리고 젊은 상상력이다. 그 젊은 상상력으로 신과 인간, 우주와 내가 하나가 되는 순간이 있다. 그 순간이 바로 시가 탄생하는 시간일 것이다. 이렇게 권예자 시인의 시는 삶의 비밀을 기록한다.

권예자

권예자 시인은 대전에서 태어났고, 국가공무원으로 오래 근무했다. 2002년「동전 세 닢」으로『창작수필』, 2004년「구두 한 짝」외로『문학저널』(시부문)을 통하여 등단을 했다. 시집으로는『숲이 나를 보고』,『비밀일기장』, 수필집으로는『내안의 피에타』,『봄비, 꽃잠 깨다』,『수필이 나를 쓴다』등이 있다. 창작수필문학상, 원종린수필문학상, 황금찬시문학상 등 다수의 수상을 했으며, 현재 한국문협, 창작수필, 대전문협, 대전문총, 오정문학, 대전시인협회, 공무원문학, 백지시문학회, 꿈과 두레박의 회원으로 활동하고 있다.
권예자 시인의『가문비나무 기록장』은 세 번째 시집이며, 더없이 예리하고 따스하고 젊은 감각, 사회의 부조리를 피상적으로 보고 넘기지 않는 예리한 시각, 그러면서도 진부하지 않고 해방된 윤리관, 사람에 대한 따스한 연민, 삶의 비밀스러운 의미에 대한 통찰이 권예자 시인의 시의 특질이라고 할 수가 있다.

이메일 : bombi42@hanmail.net

권예자 시집
가문비나무 기록장

발 행 2019년 6월 20일
지 은 이 권예자
펴 낸 이 반송림
편집디자인 김지호
펴 낸 곳 도서출판 지혜 • 계간시전문지 애지
기획위원 반경환 이형권 황정산
주 소 34624 대전광역시 동구 태전로 57, 2층 도서출판 지혜 (삼성동)
전 화 042-625-1140
팩 스 042-627-1140
전자우편 ejisarang@hanmail.net
애지카페 cafe.daum.net/ejiliterature

ISBN : 979-11-5728-355-2 03810
값 9,000원

* 본 사업은 대전광역시, 대전문화재단에 지원을 받아 제작되었습니다.